AF262339

LA

LUTTE SOCIALE

ET

LA RICHESSE

PAR

MAXIME GAUSSEN

Ancien délégué aux conférences du Luxembourg.

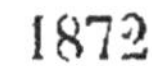

PARIS

IMPRIMERIE ADMINISTRATIVE DE PAUL DUPONT

RUE JEAN-JACQUES-ROUSSEAU, 41

—

1872

LA

LUTTE SOCIALE

ET

LA RICHESSE

Paris.-Imp. PAUL DUPONT, 41 rue Jean-Jacques-Rousseau.

LA
LUTTE SOCIALE ET LA RICHESSE

PARIS

IMPRIMERIE ADMINISTRATIVE DE PAUL DUPONT

41, RUE JEAN-JACQUES-ROUSSEAU, 41

—

1872

LA
LUTTE SOCIALE

ET

LA RICHESSE

Tout n'est pas fini, ne nous faisons pas illusion ; l'ordre social est pour longtemps menacé ; la lutte matérielle contre les mauvaises passions paraît momentanément terminée, il est vrai, mais si l'expression des haines et des convoitises cesse de se laisser deviner sur les visages, les idées malsaines persistent au fond des cœurs ulcérés.

Il ne faut pas croire, en effet, que nous venons simplement d'assister à la révolte irréfléchie d'un petit nombre de fanatiques, et que le développement moral ainsi que la prospérité matérielle du pays n'ont subi qu'un temps d'arrêt momentané ; ce serait une grave erreur ! Notre société, il faut oser le dire, n'a plus confiance dans son lendemain, car elle a compris enfin qu'elle avait depuis longtemps pour ennemis acharnés des masses envieuses, fanatisées par des doctrines subversives de tout ordre social, et chez lesquelles domine aujourd'hui ce sentiment instinctif et si vivace dans l'âme de ceux qui se regardent comme les déshérités de ce monde : l'envie !

Le danger est d'autant plus grand chez nous, que tous, à peu de chose près, jouissent des droits politiques, qui ne devraient être accordés, — la plupart des bons esprits sont d'accord sur ce point, — qu'aux hommes en état de savoir ce qu'ils font, et ayant surtout un intérêt sérieux à ne pas troubler la paix publique. Ensuite, n'oublions pas que les sectaires à moitié convaincus, mais surtout dévorés par une ambition inassouvie, qui poussent les masses à l'assaut de la société, n'hésiteront jamais, le jour de la lutte, à se servir de cette armée du mal, si dangereuse, et si facile à recruter dans les bas-fonds populaires. Et cela, il n'y a pas à en douter, ils le feront toujours, sans se préoccuper de savoir comment ils la licencieront le jour de leur éphémère triomphe, si toutefois nous nous abandonnons assez pour qu'il devienne possible.

Maintenant, pour peu que l'on jette un regard en arrière, on reste parfaitement convaincu que l'insurrection de juin 1848, qui a paru se faire au nom d'une aspiration socialiste assez séduisante, « le droit au travail, » n'était évidemment que la première explosion des passions antisociales surexcitées par les écrits et les publications des utopistes en matière d'économie politique et sociale. Seulement, en 1871, comme leurs adeptes ont pu se croire un instant vainqueurs, ils ont osé affirmer, dans des publications on peut dire officielles, que la société actuelle ne représentait qu'une barbarie raffinée ! Le mot de liquidation sociale même a été prononcé ouvertement. Ce qui signifie, en réalité, que le jour où le socialisme militant se croira définitivement le maître, il nous dira brutalement : Partageons.

En effet, pour tout esprit positif et sérieux, l'ensemble des doctrines dont il est question ne représente, au fond, que l'idée communiste plus ou moins modifiée ; c'est ce qui a été démontré bien souvent. Quant à la plupart des chefs de ce qu'on peut appeler l'armée des utopies économiques, ils n'ont évidemment qu'une visée : profiter, sous un prétexte quelconque, d'une de nos défaillances politiques, pour s'emparer du pouvoir, afin d'arriver à constituer, par la force, un ordre de choses qui leur permette d'essayer l'application de leurs étranges doctrines. Mais, au fond, la plupart de leurs adhérents ne songent qu'aux moyens d'accaparer et de jouir des richesses accumulées injustement, disent-ils, entre les mains d'un petit nombre de privilégiés.

Là, est vraiment le but secret de la plupart des soldats de l'armée du socialisme ; aussi doit-il être parfaitement démontré aujourd'hui, à ceux qui ne veulent pas s'illusionner, que les révolutions futures ne peuvent avoir d'autre objectif que le partage des biens, et surtout d'anéantir ce qu'on appelle quelquefois, avec une emphase si grotesque : l'infâme capital !

Ce qui rend surtout les aspirations du socialisme redoutables, c'est que tout semble préparé pour l'avénement au pouvoir des chefs de la démocratie, c'est-à-dire pour l'installation d'un gouvernement représentant les idées du plus grand nombre, de ce que l'on appelle, en langage approprié, les classes déshéritées. L'égalité devant la loi nous a conduits, par une pente insensible, à l'égalité politique, au suffrage universel, autrement dit; et le suffrage universel, tel qu'il est appliqué chez nous, peut nous conduire, par une pente rapide, à la domination brutale de masses envieuses, jalouses, inintelligentes.

Prenons donc bien garde, il en est temps encore, qu'entraînées et disciplinées par des hommes audacieux, décidés à tout, même à exploiter les mauvaises pensées que la convoitise fait continuellement bouillonner, surtout dans le cœur de l'homme ignorant, ces masses n'arrivent un jour, comme un bélier irrésistible, à renverser l'édifice social, en couvrant pour longtemps le sol de ruines.

Les illusions et les mauvaises passions ont toujours été, quoi qu'on en dise, sous une forme ou sous une autre, la cause de toutes nos révolutions; mais il était réservé à notre époque de les voir quasi légitimées, à l'aide d'une logique trompeuse qui tend à pervertir le sens moral des populations. Aussi seront-elles longtemps encore le point de départ de ces crises politiques qui laissent un instant, au grand effroi des esprits sages, la société désarmée. Car il faut bien l'avouer, au point où en sont encore même les peuples les plus avancés en civilisation, l'ordre social n'est garanti, en définitive, que par la force matérielle, quand elle est assez puissante pour imposer le respect de la loi, c'est-à-dire assez forte pour protéger le droit contre la violence. Aussi, le jour où cette force est paralysée, où surtout elle n'existe plus, une société est sérieusement menacée, et tout peut être remis en question.

Que de sang ! que de richesses n'a pas coûtés l'oubli de ces vérités ! Ne cherchons donc jamais, quelle que soit l'énergie de nos convictions politiques, à désarmer la loi, et à changer brutalement l'ordre de choses établi ! Ce sont des fautes presque irréparables. Si nos pères avaient compris cela, il y a quatre-vingts ans, nous serions aujourd'hui le peuple le plus riche du monde, et notre pays, grâce à la fertilité de son sol, aurait un chiffre de population bien plus élevé que celui qu'il possède.

Modifier, quand cela devient nécessaire, une constitution politique ou sociale, simplement par la force morale, c'est conquérir le plus beau titre que puisse ambitionner dans l'histoire une nation sage, expérimentée. Renverser, au contraire, un pouvoir établi, en se servant de tous les éléments de destruction qu'une grande agglomération d'individus renferme toujours dans son sein, c'est un crime de lèse-civilisation ; et il conduit fatalement à l'instabilité politique et aux luttes sociales.

Que voulait simplement chez nous la classe la plus nombreuse et la plus intéressante en 89? L'égalité devant la loi et le gouvernement du pays par ceux qui pouvaient le mieux le représenter. Tout cela n'avait-il pas été obtenu? La nuit du 4 août n'était-elle pas même grosse d'une transformation sociale? Et, peu après, le régime constitutionnel n'était-il pas fondé? Pourquoi ne pas s'être arrêté là? C'est que l'emploi de moyens qu'on pouvait déjà appeler révolutionnaires, amena forcément la domination des utopistes et des violents; et qu'une fois sorti de la voie légale et pacifique, un peuple n'y rentre que las du désordre et de l'anarchie.

On sait ce qui a suivi les révoltes et les impatiences irréfléchies de cette époque : vingt années de guerre, des hécatombes humaines multipliées, des ruines incalculables !

Maintenant, quelles étaient, en 1830, les aspirations de ce qu'on est convenu d'appeler la classe moyenne, de cette classe, quoi qu'on en dise, intelligente et bien intentionnée? Ne voulait-elle pas simplement forcer la royauté à rentrer dans les limites de ce contrat constitutionnel acclamé deux fois depuis quarante ans, et qui avait paru réaliser ses vœux? Mais, par la force des choses, elle a fait appel aussi, pour assurer son triomphe, à l'élément révolutionnaire, et n'a pu s'arrêter que sur le bord de l'abîme.

Enfin, que désiraient plus tard, en 1848, les hommes les plus libéraux et les plus éclairés de la bourgeoisie? Une légère extension des droits politiques en faveur de l'intelligence, et non, à coup sûr, une république démocratique et ses conséquences obligées ; c'est-à-dire la liberté illimitée de surexciter les illusions et les mauvaises passions par la plume et par la parole. Mais, là encore, les hommes ardents et irréfléchis qui représentaient ce parti, n'ont pas craint non plus de se servir des moyens violents, et conséquemment de l'armée du mal, pour arriver à leurs fins ; aussi ont-ils été bien vite débordés! Le 15 mai, la démagogie armée leur apprenait ce qu'il fallait entendre par le droit de réunion ; et le 24 juin, fanatisée par des prédications socialistes, elle cherchait à prendre la société d'assaut, pour établir, sans doute, un ordre de choses dont, à ce moment, elle n'osait pas encore donner la formule.

Les aspirations socialistes, révolutionnaires, démagogiques, comme l'on voudra les désigner, sont d'autant plus dangereuses, qu'à l'occasion elles savent très-bien dissimuler leurs véritables visées, et agir, en un mot, en raison des circonstances et des forces dont elles disposent ; et c'est seulement, nous l'avons déjà dit, parce qu'elles se croyaient à peu près sûres du succès, qu'elles ont osé, dernièrement, laissé entrevoir leur but réel, qui est de tout détruire : les croyances religieuses, la propriété, la famille. Mais ce qui donne surtout de l'audace au socialisme militant, c'est qu'il sait très-bien qu'en s'appuyant sur les convoitises et les haines, son armée sera toujours nombreuse et doit être éternelle. Aussi, malgré une seconde défaite écrasante, parle-t-il encore la menace à la bouche. Cependant, il ne faut pas s'y méprendre, c'est, pour le moment, le cri étouffé de la rage et de l'impuissance; et les mauvaises passions, ainsi que les illusions qu'il représente, peuvent être très-efficacement combattues, le jour où l'on voudra employer avec persévérance les armes du bon sens et de la raison.

Néanmoins, il faut bien s'attendre à ce que la réalisation de certaines idées socialistes sera pour longtemps le rêve des déshérités de ce monde, selon l'expression consacrée; c'est-à-dire, en général, des vicieux et des incapables; et ils seront toujours nombreux, malheureusement. Il est évident aussi que certains ambitieux, qui ne trouvent jamais la place qui leur est faite assez large au soleil, se serviront toujours des illusions et des mauvaises passions pour s'attacher ce qu'on s'obstine à désigner sous le nom de peuple.

Le socialisme trouvera du reste continuellement des adeptes là où l'excessive misère coudoie la grande richesse : « La démocratie, c'est l'envie! » a dit Proudhon; mais ce sont surtout les idées socialistes qui représentent le mieux l'envie.

Et cela est si vrai, qu'en supposant qu'on puisse convaincre certains sectaires en socialisme de cette vérité : que la richesse est au moins aussi utile aux pauvres qu'aux riches, et qu'elle ne peut, en réalité, se partager sans se consommer; cela ne servirait à rien; ils n'en désireraient pas moins voir les riches devenir pauvres. « Que nous importe d'être pauvres, disait dernièrement un des leurs, pourvu qu'il n'y ait plus de riches! »

Il n'en reste pas moins certain que l'ignorance des plus simples notions d'économie politique et sociale, dans laquelle vit et meurt la plus grande partie des populations, est pour beaucoup dans les ravages intellectuels que peuvent faire les doctrines dont il est question; et que, si l'on veut rétablir l'ordre moral dans les sociétés menacées par le débordement des passions et des illusions démagogiques et socialistes, il est absolument nécessaire, tout en éclairant les masses et en cherchant à développer chez elles le sentiment de la prévoyance, de les initier, surtout dès l'enfance, aux principes conservateurs de la paix sociale.

C'est pour cela que nous regardons comme un devoir qui incombe à tous les hommes intelligents et expérimentés, de concourir par leurs efforts, à faire comprendre à ceux qui l'ignorent, le rôle que joue la richesse chez les peuples civilisés, au double point de vue de leur prospérité matérielle et de leur progrès moral; et surtout de leur prouver d'une manière satisfaisante, que le jour où cette richesse est sérieusement menacée, elle tend rapidement à s'amoindrir, et serait bien vite anéantie, si l'on s'en emparait violemment pour la partager.

Oui, il est, selon nous, on ne peut plus nécessaire de mettre, sous toutes les formes possibles, ces vérités au grand jour, non-seulement pour détruire bien des illusions en matière d'économie politique et sociale, mais aussi pour fournir des arguments à la plupart des hommes qui sentent instinctivement le néant des idées socialistes, et ne sont pas, néanmoins, en état de prouver victorieusement qu'elles n'ont aucune raison d'être.

Ainsi, par exemple, rien n'est plus vrai, on ne saurait trop le répéter, que cet axiome économique qui nous sert aujourd'hui d'épigraphe, et tend à prouver que les pauvres sont aussi intéressés que les riches au développement de la richesse; cependant, il est généralement méconnu.

Ce qui serait aussi de la dernière importance, c'est de mettre en relief cette autre vérité, si utile à faire connaître, et qu'on ne trouve qu'en germe dans les économistes; à savoir : que la grande richesse doit naturellement se concentrer dans un petit nombre de mains, et que ceux qui la conservent rendent presque autant de services à la société que ceux qui l'ont créée.

Certes, pour faire pénétrer toutes ces choses dans la masse des intelligences, il faut, naturellement, que l'éducation primaire soit suffisamment répandue; mais il faut surtout les mettre à la portée de tous, en les présentant sous des formes simples et faciles à saisir. Il serait donc indispensable, comme nous l'avons déjà dit autre part, de pouvoir distribuer gratuitement, et à profusion, de petits livres qui contiendraient ces vérités économiques; et enfin, arriver à les graver dans la mémoire des jeunes générations, au moyen d'une espèce de catéchisme social, disposé de façon à ce que les enfants puissent y apprendre, à la fois, à lire et à écrire.

En attendant, nous croirons avoir fait quelque chose d'utile, si nous parvenons à prouver en peu de pages, et d'une façon claire, aux hommes les moins versés dans l'étude de l'économie sociale et politique, que notre société est constituée, par la force des choses mêmes, selon les règles de la vraie justice distributive ; c'est ce qui est implicitement contenu dans les affirmations suivantes :

1° La richesse est ce qu'il y a de plus utile dans une société, et elle profite à tous ;

2° Elle ne peut se créer et s'accumuler qu'avec le respect de la propriété, et la constitution de la famille ;

3° Sa concentration, en définitive, ne peut avoir lieu que dans un certain nombre de mains, dans celles, naturellement, qui savent la créer et la conserver ;

4° Le jour où la richesse est menacée, elle tend forcément à s'amoindrir ; et en rêver le partage, c'est vouloir la faire gaspiller, c'est-à-dire l'anéantir en grande partie.

Ainsi, prouver, selon nous, l'exactitude de ces différentes propositions, de manière à ne laisser aucun doute dans l'esprit du lecteur, c'est aider, d'une manière efficace, ceux qui cherchent à rétablir l'harmonie sociale, compromise de nos jours par les prédications des utopistes et la surexcitation des mauvais instincts.

Ouvrons d'abord une parenthèse, pour dire que, dans l'état actuel des esprits, il ne s'agit plus simplement de défendre la constitution actuelle de la richesse au point de vue du droit, s'appuyant sur des conventions dix fois séculaires, et universellement consacrées par toutes les législations ; cela n'aurait pas une portée suffisante. A tout ce qu'on pourrait dire, les adeptes en socialisme ou en communisme ne manqueraient pas de répondre : « Le « droit n'est pas dans des codes, rédigés de tout temps « par des minorités intéressées dans la question; il est « dans la conscience du plus grand nombre; et s'il n'a « donné lieu, jusqu'à présent, qu'à des protestations « impuissantes, c'est tout simplement parce que la force « lui a manqué; ou plutôt, parce que ses véritables repré- « sentants n'ont pas su se servir de celle qu'ils possé- « daient en réalité. »

Ajoutons encore qu'à l'heure présente notre état moral n'a plus de bases sérieuses, et que l'esprit des populations qui vivent du travail matériel, est livré, sans défense, à la logique spécieuse et quelquefois séduisante des faiseurs de théories. Le plus grand nombre enfin, est à moitié grisé par la haine et l'envie; les croyances qui ont fait sortir l'humanité de la barbarie sont ébranlées; les mauvais exemples partent trop souvent d'en haut; et les sociétés modernes, pour se préserver d'un grand danger, n'auront bientôt que la ressource de rester constamment armées et sur la défensive.

D'un autre côté, il ne faut pas se dissimuler que la répression matérielle, même la plus nécessaire, engendre le fanatisme, les désirs de vengeance, et qu'alors les cœurs sont fermés aux plus sages exhortations. Il faut donc toujours, en définitive, en revenir à la force morale; elle seule peut apaiser les esprits troublés et éclairer les consciences; elle seule peut prouver aux illusions qu'elles n'ont point leur raison d'être, et aux mauvaises passions que leur succès momentané amènerait, fatalement, un état de choses dix fois pire que les inconvénients de cette prétendue barbarie raffinée, dont certains organes de la démagogie militante accusent les sociétés modernes de n'être que l'expression.

Ce qui peut du reste rassurer, jusqu'à un certain point, c'est que la réaction obligée de l'instinct conservateur, et les nécessités mêmes de la vie moderne, feraient bientôt justice d'un gâchis économique allant au rebours des tendances invincibles de l'humanité.

Revenons-en maintenant à notre thèse :

Toutes les théories, ou plutôt toutes les convoitises socialistes nous ont toujours paru s'adresser, en fin de compte, à la richesse, au capital ; c'est pour cela qu'il serait si utile de faire comprendre que cette richesse doit rester dans les conditions ou elle se trouve placée, pour jouer son rôle utile, indispensable, dans les sociétés modernes.

Commençons d'abord par établir que la richesse est ce qu'il y a de plus nécessaire dans une société, quand l'homme a le droit d'acquérir, de conserver et de transmettre.

La définition seule de la richesse devrait, du reste, suffire pour cela. Ainsi, tout le monde sait qu'elle ne se compose pas seulement de monnaie d'or et d'argent, de métaux précieux, d'objets d'art ou d'ornement, mais surtout, et principalement, des terres en état de culture, des habitations, des instruments de travail, des produits de toutes sortes, naturels ou fabriqués ; enfin, de tout ce qui représente un travail sérieux, utile : tels que les routes, les canaux, les chemins de fer, les ports, les arsenaux, etc., etc. La richesse comprend donc toutes les choses qui peuvent aider l'activité productrice de l'homme et faciliter ses rapports avec ses semblables. En dernière analyse, c'est l'épargne accumulée. Par elle, l'homme est arrivé à se nourrir de plus en plus facilement, à se vêtir, à se construire des demeures saines et agréables ; enfin à se créer des loisirs qui lui ont permis de développer ses facultés morales.

C'est encore avec la richesse qu'il peut secourir ceux qui sont hors d'état de travailler, comme les vieillards, les infirmes, les jeunes abandonnés. Aussi, peut-on naturellement en conclure, que plus il y a de richesse dans un pays qu'on peut appeler civilisé, moins il y a de pauvres, et plus une population est en état de produire, de s'instruire, et enfin de se moraliser.

N'est-ce pas, en effet, l'épargne accumulée, c'est-à-dire la richesse, qui permet d'entreprendre tous ces grands travaux si utiles au bien-être général, et dans l'exécution desquels toutes les facultés humaines trouvent leur emploi ?

L'homme ne peut donc, en définitive, être civilisé que par la richesse, dont le développement ne commence que le jour où il n'est plus obligé de se procurer par la chasse, la pêche et la cueillette, et au prix des plus grandes fatigues, ce qui lui est absolument nécessaire pour son alimentation et celle de sa famille.

Dans tous les pays riches, au contraire, les populations vivent plus ou moins dans l'aisance, et tous ceux qui veulent sérieusement travailler, et ont un peu d'esprit de prévoyance, peuvent non-seulement prétendre à une existence convenable, mais s'assurer du pain dans leurs vieux jours ; surtout si leurs enfants, qui doivent à un certain âge représenter un capital, ont été élevés dans l'amour du travail et de la famille.

On pourrait encore ajouter ici, qu'à un autre point de vue, c'est évidemment la richesse qui fait les nations grandes et puissantes, et leur permet d'avoir, dans le monde moral même, un rôle prépondérant. Mais, en nous bornant à ce qui est d'intérêt immédiat pour une population, ne craignons pas de répéter, que plus il y a de richesses dans un pays, moins il y a de nécessiteux parmi ceux qui veulent travailler, et plus la masse de ses habitants peut s'éclairer, s'instruire et se moraliser.

Maintenant, est-il nécessaire d'expliquer comment la richesse se crée et s'accroît ? Cela ne peut faire l'objet d'un doute : c'est évidemment par le travail aidé de la prévoyance. Mais, d'un autre côté, tout le monde sait que, dans la généralité des cas, l'homme n'est laborieux et prévoyant qu'autant qu'il est poussé par le désir d'acquérir; en un mot, ne cherche à amasser que pour se donner plus tard des jouissances, des loisirs, ou faciliter les moyens d'existence des êtres qui lui sont chers. Nous arrivons donc tout naturellement à cette conclusion : c'est que le développement rapide de la richesse ne peut avoir lieu qu'en respectant les grands principes qui ont servi de base à toutes les sociétés qui méritent ce nom : c'est-à-dire le respect de la propriété et de la famille.

A cela, il faut ajouter que le partage de la richesse, rêvé par des esprits en délire, aurait inévitablement les conséquences les plus déplorables. Ainsi, il est évident que le jour où elle serait menacée, la richesse ne se produirait pour ainsi dire plus, et qu'une grande partie de celle qui existerait, tels que les outillages de toute nature, les constructions industrielles, etc., etc., resterait sans emploi et perdrait bien vite énormément de sa valeur. Ensuite, tout ce qu'il est facile d'exporter, de mettre à l'abri de la spoliation enfin, disparaîtrait à coup sûr, quoi qu'on fasse, en admettant même que plusieurs pays à la fois subissent un tel état de choses. N'est-il pas, du reste, certain que le plus grand nombre de ceux qui possèdent ou qui sont en état d'acquérir de la richesse fuiraient tout naturellement les contrées soumises au régime du partage des biens, et chercheraient à utiliser ailleurs leur savoir-faire et ce qu'ils auraient pu sauver du naufrage? Et puis, trouverait-on, après ce partage, beaucoup d'hommes disposés à travailler au delà de ce qui serait nécessaire pour subvenir à leurs besoins, et cela au profit des incapables et des paresseux? Et d'un autre côté, n'est-il pas plus que probable que cette partie de la richesse qui aurait été partagée serait dissipée en peu de temps ; la presque totalité de ceux qui n'en possédaient pas au moment de la spoliation étant tout naturellement, dans la plupart des cas, incapables de la conserver, et encore moins de la faire fructifier.

Une révolution économique de ce genre n'aboutirait donc, en fin de compte, pour la société qui la subirait, qu'à la perte de la plus grande partie de ce qu'auraient produit ses épargnes séculaires ; et pour peu qu'une telle situation se prolongeât, il serait à craindre que cette société ne retournât, par une pente insensible, à l'état de barbarie dont beaucoup de tribus sauvages nous offrent encore des exemples.

En définitive, il faut cependant savoir accepter la nature humaine telle qu'elle est ; sans cela, le monde est à refaire. Après tout, l'homme d'expérience sait fort bien qu'aucune convention sociale, même imposée par la contrainte, ne pourra jamais modifier qu'en apparence, et pour un temps très-limité, ce qui a son point d'appui dans les entrailles mêmes de l'humanité. Là-dessus, on peut affirmer sans crainte que le dernier des paysans en sait plus long que le plus malin des socialistes. Il est donc vraiment puéril de rêver un état de choses en dehors du possible, et surtout de la dernière absurdité de songer à l'imposer.

Quoi qu'on fasse, l'égoïsme, pris dans une acception

philosophique, est l'essence même de la vie ; tout être vivant est naturellement enclin à ne penser qu'à lui : son développement et sa conservation l'exigent du reste. Cependant, comme une loi providentielle a toujours en vue la propagation de l'espèce, l'amour de la famille vient modifier chez nous, à un certain moment, ce que les tendances primordiales ont de trop personnel. Mais il n'en est pas moins de la dernière évidence que c'est seulement, dans l'immense généralité des cas, pour lui et pour les siens, que l'homme travaille, s'ingénie, amasse, en un mot, crée la richesse.

La conséquence forcée de cela, c'est que l'être humain n'emploiera jamais toutes ses facultés au travail qu'à la condition de pouvoir disposer, jouir en un mot, des fruits de ce travail. Il est donc facile de comprendre, sans qu'il soit nécessaire d'aller plus loin, qu'une société dans laquelle l'épargne ne serait pas protégée, resterait pauvre, car alors les laborieux et les prévoyants ne travailleraient que pour la satisfaction momentanée de leurs besoins.

Enfin, qui ignore que le travail est chose pénible, et que ceux qui savent prévoir et amasser ne seront jamais en grande majorité ? Ensuite, que la plus grande partie des hommes, quoique désireux d'acquérir, ne travaillent qu'autant qu'ils y sont pour ainsi dire forcés par d'impérieux besoins, ou, pour mieux dire, juste en raison directe des nécessités matérielles qu'ils ont à satisfaire. Ainsi, il est certain que, dans la généralité des cas, les hommes tendent à consommer les fruits de leur travail au fur et à mesure qu'ils sont acquis. Mais, fort heureusement, il y en a toujours un certain nombre, aussi prévoyants et aussi laborieux qu'intelligents., qui ne reculent devant aucun effort, pour se mettre le plus tôt possible à l'abri du besoin, et surtout pour laisser une certaine aisance à leurs enfants. C'est parmi ces hommes que l'on trouve ces grands créateurs de la richesse, parvenant, à force d'ordre et de capacité, à en amasser de considérables, que leurs familles savent, en général, conserver et faire fructifier.

Voici le moment de signaler l'erreur de ceux qui trouvent injuste que les uns soient obligés de travailler plus ou moins péniblement pour vivre, tandis que d'autres naissent dans l'aisance, et n'ont que la peine de conserver ou de consommer la richesse. Pour peu que l'on réfléchisse, cependant, on est bien forcé d'admettre une chose : c'est que ceux qui sont obligés de travailler plus ou moins péniblement pour vivre, vivraient beaucoup moins bien, ou seraient soumis à un travail beaucoup plus pénible encore, s'il n'y avait pas de richesses accumulées, c'est-à-dire, en réalité, de riches. Car, enfin, est-il besoin de répéter que c'est la richesse qui rend le travail facile et productif ? Sans la richesse, sans les instruments de travail, qui en représentent une grande partie, n'est-il pas certain que les hommes seraient obligés de se donner beaucoup plus de peine pour obtenir ce qui est nécessaire à leur existence ? Qu'on se représente un pays où tout est à créer ; ne faudrait-il pas que ceux qui viendraient s'y établir, s'ils manquaient non-seulement des grands moyens de production, mais des engins les plus nécessaires, fissent de bien grands efforts pour satisfaire leurs besoins les plus impérieux? Ne craignons donc pas de dire à ceux qui jalousent les riches : « Vous obéissez plus ou moins, « malgré vous, à un mauvais sentiment : l'envie ! » Et, ce qui le prouve, c'est que l'homme bon et simple, sans trop se rendre compte des nécessités économiques qui s'imposent aux sociétés, comprend très-bien qu'il y ait des riches, et n'éprouve aucun sentiment de convoitise à leur endroit.

Mais il n'en est pas moins certain, malheureusement, que beaucoup trop de gens ignorent, non-seulement que la richesse remplit, dans nos sociétés modernes, le rôle le plus utile, mais surtout que, par la force des choses, son accumulation ne peut avoir lieu que dans un petit nombre de mains. Voilà ce qui n'a peut-être pas encore bien été mis en lumière; cependant, rien n'est plus vrai, et la raison en est des plus simples. C'est, d'une part, que nous avons, en général, une tendance plus ou moins impérieuse à consommer sans produire, ou au fur et à mesure que nous produisons, et que, d'un autre côté, comme cela vient d'être dit, il n'y a encore que le plus petit nombre qui sache créer, faire fructifier ou con-server la richesse. Ces hommes ou ces familles sont donc, en quelque sorte, les réservoirs naturels de cette richesse; et encore une fois, si cet état de choses, contre lequel les ignorants ou les malintentionnés s'élèvent avec violence, n'existait pas, la consommation de la richesse suivrait en quelque sorte sa production, et cela au détriment du bien-être général, ce qui n'a pas besoin d'être démontré.

Tout nous sollicite, en effet, à consommer la richesse ; nos besoins sans cesse renaissants, le désir de nous distinguer des autres, la satisfaction de nos entraînements, de nos passions, etc., etc. Qui ne le sait, du reste : rien n'est si facile que de dépenser, et, en général, il est assez difficile d'arriver à produire au delà de ses besoins. Quoi d'étonnant alors, que malgré ces deux puissants mobiles, l'amour de la propriété et de la famille, la grande richesse se trouve concentrée dans un petit nombre de mains ? Mais, on ne saurait trop le répéter, cette concentration, ou plutôt cette conservation de la richesse, a une si grande utilité au point de vue du bien-être général, qu'il faut l'encourager par tous les moyens possibles. C'est elle, en effet, qui rend le travail plus aisé et plus productif, qui féconde l'esprit d'entreprise, et donne le moyen d'accomplir tant de choses nécessaires au bien-être de tous. C'est encore elle qui permet à une nation de traverser, sans trop en souffrir, des crises industrielles et agricoles ; et, faut-il le dire, lui fait supporter, sans être anéantie, les terribles épreuves d'une guerre désastreuse.

N'est-ce pas aussi la richesse accumulée qui rend possible la création des voies rapides de communication, des grands ports de commerce, de ces vastes entrepôts renfermant les produits de tous les peuples, et qui permet de construire ces milliers de navires, établissant des communications multipliées entre toutes les nations de la terre ?

Ajoutons, à présent, que si la grande concentration de

la richesse est rare, sa dissémination, quoi qu'on en puisse dire, est très-grande ; beaucoup plus qu'on ne le croit généralement. Car, en définitive, la connaissance d'un métier, la possession de quelques instruments de travail, sont des richesses; et, à ce point de vue, qui ne possède pas quelque chose, dans un pays avancé en civilisation?

Il ressort donc surabondamment de tout ceci, que le plus grand nombre est intéressé à respecter la richesse ; d'autant plus que c'est elle, le plus souvent, sous la forme de capitaux disponibles, qui permet d'utiliser les facultés ou les bras de tous ceux qui ont besoin de travailler. Ceci nous permet donc d'affirmer, en définitive, que ce qu'on appelle ordinairement le capital, remplit le rôle le plus utile, le plus nécessaire, dans notre constitution économique. Aussi, nous insisterons encore sur ce point : c'est que ceux qui possèdent ne sont, en réalité, que les conservateurs de la richesse publique, et se trouvent, par la force des choses, chargés de la faire fructifier au profit de tous. Pourquoi, alors, leur envier cette situation, qui ne peut être menacée, du reste, sans que la prospérité générale s'en ressente?

Envisageons maintenant la question sous un autre aspect. N'est-ce pas, en général, au moyen de la richesse des parents que certains enfants peuvent acquérir ces connaissances spéciales que la société ne pourrait, à beaucoup près, donner à tous? Eh bien ! ces enfants, devenus des hommes savants, des magistrats, des ingénieurs, des médecins, etc., ne sont-ils pas les instruments indispensables à la marche d'une civilisation avancée?

Enfin, en dernière analyse, pourquoi jalouserait-on les riches? Sont-ils plus chaudement vêtus, mangent-ils davantage, peuvent-ils se mettre plus à l'abri de l'intempérie des saisons que l'homme actif, laborieux, qui travaille avec un peu d'intelligence? Et si les riches, ce qui est bien loin d'être prouvé, tendent plus que les autres à abuser de certaines choses, n'en sont-ils pas les premiers punis le plus souvent, soit par la perte de leur situation ou celle de leur santé, etc.? L'inquiétude et les soucis ne viennent-ils pas troubler leur sommeil comme celui du pauvre? Et le champ qui renferme nos restes a-t-il une terre particulière à leur offrir? Qu'importe, après tout, d'avoir, sur la parcelle du sol qui couvre notre dépouille mortelle, une simple croix de bois ou un monument fastueux !

Maintenant, après avoir fait comprendre que la richesse est ce qui rend le travail plus facile, et conséquemment la production plus grande, et qu'elle est en un mot l'élément indispensable du progrès matériel et moral, allons plus loin; prouvons que son abus même, s'il a des inconvénients pour l'individu, en a peu pour la société. En effet, dans le cas même où l'homme gaspille la richesse, elle ne fait que changer de mains en fécondant le travail; et, de toutes manières, arrive toujours forcément dans celles qui savent le mieux la créer, la faire fructifier et la conserver. Aussi, encore une fois, comme il est de toute évidence qu'une société ne peut prospérer sans elle, il faut donc impérieusement, dans l'intérêt de tous, qu'elle soit respectée; et, on ne saurait trop le redire, que son accumulation soit protégée et encouragée.

Oui, ne nous lassons pas de l'affirmer, surtout dans un temps où les convoitises sont surexcitées par des théories mensongères, mais séduisantes pour les esprits faibles et aventureux; oui, il est incontestable que, dans notre organisation économique, plus il y a de riches, moins il y a de pauvres! Et, comme l'a démontré un grand économiste, esprit à la fois très-sagace et très-libéral : le plus grand nombre est intéressé à la conservation et au développement de la richesse. Or, sans insister davantage à ce sujet, il est bien évident que son développement ne peut avoir lieu qu'autant que celui qui la crée, peut en jouir paisiblement et en disposer.

Il faut donc, en fin de compte, en conclure qu'il ne devrait y avoir aujourd'hui que des enfants ou des niais disposés à croire, de bonne foi, que la richesse peut se partager; que tous devraient jouir également des fruits du travail de quelques-uns; enfin, que la société, représentée par l'État, doit subvenir aux besoins de ceux qui ne veulent pas ou ne savent pas produire; et cela, en prélevant sur le travail de ceux qui produiraient au delà de leur nécessaire.

Un tel régime économique, est-il nécessaire de l'affirmer, violerait la conscience humaine dans sa plus impérieuse expression. Aussi on peut être assuré, que les hommes doués d'une certaine intelligence qui rêvent un semblable état de choses, ne peuvent être que des envieux et des ambitieux, espérant par leur valeur personnelle, leur importance politique dans un moment donné, être les grands distributeurs des fruits du travail de tous. Et, maintenant, comme ces hommes savent très-bien qu'une telle transformation sociale ne pouvait avoir lieu sans rencontrer une grande résistance, ils demandent, avant tout, un pouvoir fort pour l'établir; espérant sans doute arriver à dominer par la crainte les hommes timides et laborieux.

Le pouvoir, les jouissances d'un luxe que notre constitution sociale ne leur permet pas d'espérer, ce sont là, il n'est pas permis d'en douter, les visées de bien des activités fiévreuses; et, ce qui le prouve, c'est qu'en étudiant le passé et le présent de la plus grande partie de ceux qui voudraient bouleverser la société, on constate facilement que, dans la plupart des cas, ce sont des orgueilleux chez lesquels le besoin de domination est impérieux, et dont les facultés sérieuses ne sont pas en rapport avec le rang qu'ils voudraient occuper dans le monde. En réalité, ces prétendus incompris sont loin de valoir ce paysan courbé sur la terre, qui, sans connaître les illusions et les mauvaises passions de tous les genres de déclassés des grandes villes, ne pense qu'à bien élever sa famille, à se ménager le pain de la vieillesse, et supporte avec la résignation du devoir accompli les épreuves de ce monde.

Rappelons en passant, maintenant, que si l'homme n'est pas prévoyant dans sa jeunesse ou son âge mûr, il faut, tout naturellement, qu'à un certain moment la société pourvoie à ses besoins; que d'autres, en définitive, produisent pour lui. Cela est-il juste? N'est-il pas plus logique et plus naturel que chacun se trouve forcé de travailler pour assurer son présent et son avenir? Au point de vue d'une bonne justice distributive, la société doit-elle assistance à d'autres, qu'aux enfants abandonnés, aux malades indigents et aux infirmes? Ces charges ne sont-elles déjà pas assez lourdes?

Allons, à présent, au-devant d'une objection. On peut dire avec raison, il est vrai, que les détenteurs de la richesse tendent souvent à en abuser, qu'ils pèchent en général par l'orgueil, ne sont pas toujours doués de l'esprit de bienveillance et de charité qui leur sied si bien, et paraissent même* quelquefois mépriser ceux qui ne sont pas aussi fortunés qu'eux. Il y en a, sans doute, un assez grand nombre auquel on peut adresser ces reproches; c'est l'infirmité humaine qui le veut ainsi; mais, à cela on peut répondre : Les pauvres, les salariés, les déshérités de ce monde, comme on veut bien les appeler, sont-ils meilleurs au fond? Vaudraient-ils mieux que les riches, s'ils se trouvaient dans les mêmes conditions sociales? N'écoutent-ils pas aussi souvent, au moins, leurs mauvais instincts? Sont-ils moins égoïstes, plus animés de l'esprit chrétien, en un mot? Quand, par exemple, le salarié se plaint de celui qui l'emploie, faut-il supposer qu'il vaut mieux que son patron; qu'il serait moins orgueilleux et plus indulgent s'il se trouvait à sa place? Enfin, peuvent-ils reprocher à ceux qui possèdent de la fortune d'en abuser au profit de leur sensualité, ceux qui, en général, dans les grands centres de population surtout, se livrent, sans avoir même l'excuse de posséder le superflu, à cette intempérance qui abrutit l'homme, lui ôte la conscience de ses actions, et le conduit à la misère ?

Non ! soyons vrai, et osons le dire très-haut : au point de vue moral, le chef est presque toujours supérieur à ses subordonnés, le patron à l'ouvrier ; et cela n'a pas besoin de démonstration. Il est certain, néanmoins, que cette règle comporte de très-nombreuses et touchantes exceptions. Ainsi, le travailleur qui, comme le paysan dont nous avons parlé plus haut, respecte les lois morales d'où découle toute civilisation, fait tous ses efforts pour bien élever ses enfants, donne le bon exemple à tout ce qui l'entoure, pratique l'humilité et la charité, celui-là, disons-nous, est méritant, entre tous, et n'a point de supérieurs au point de vue du mérite social.

Résumons-nous à présent, pour finir : Il est bien incontestable que c'est l'amour de la propriété, celui de la famille, qui font que l'homme déploie toute son activité morale et physique pour acquérir, c'est-à-dire pour créer la richesse, chose indispensable à toute société civilisée, et sans laquelle on peut ajouter qu'il n'y a pas de nation puissante. Une communauté doit donc, dans l'intérêt de tous, protéger ceux qui remplissent cette tâche, garantir leurs biens, et surtout leur en laisser la libre disposition ; car, encore une fois, ce sont ces hommes qui font naître le bien-être général, et l'accroissent de génération en génération.

Enfin, quel est celui qui, connaissant la nature humaine,

ou sondant son propre cœur, affirmerait que l'on peut trouver, facilement, des individus disposés à employer toutes leurs facultés physiques et morales à un travail productif, s'ils n'y sont pas entraînés par l'espoir de conquérir, pour eux ou pour les leurs, un bien-être immédiat ou éloigné? Allons plus loin; trouverait-on même des hommes capables d'exercer un pouvoir quelconque, s'ils n'y trouvaient un avantage réel? si, en un mot, l'exercice de ce pouvoir ne venait satisfaire à la fois leur orgueil ou leurs intérêts.

La vérité vraie, comme on dit vulgairement, c'est que si l'on veut constituer quelque chose de stable, au point de vue social, il faut faire la part de ce que l'on veut bien appeler l'infirmité humaine ; car il n'y a, en réalité, que les croyances religieuses sincères qui peuvent maintenir l'homme dans la voie du bien et dans celle des sacrifices, sans que son intérêt particulier en recueille quelques fruits. Enfin, qui ne comprend que la variété des aptitudes et des qualités morales est telle, parmi les hommes, que la multiplicité des conditions, et un régime de liberté réglée, protégeant, sous l'égide de la loi, les fruits du travail, peuvent seuls maintenir l'harmonie dans une société nombreuse, et faire que tout concoure au bien général? Il est donc évident que le plus fort des stimulants, comme la première des conditions nécessaires à l'homme aux prises avec les exigences de la vie, c'est d'avoir sa liberté d'action ; d'être protégé suffisamment pour accomplir sa tâche en paix, et de savoir que tout ce qu'il acquiert lui est garanti. Eh bien ! cet état de choses, sous lequel nous vivons, conséquence d'une civilisation très-avancée qu'il a fallu des milliers d'années pour atteindre, est attaqué aujourd'hui par des illusionnés, des fous, ou des hommes intéressés au désordre; et ils osent le qualifier de *barbarie raffinée !* C'est à ne pas y croire, s'il y avait des limites à l'aberration humaine, quand les passions et les intérêts sont en jeu.

C'est à ce propos, du reste, qu'on aurait le droit de demander aux sectaires de toutes les doctrines dites socialistes, ce qu'elles ont prouvé, jusqu'à présent, au point de vue sérieux et pratique. Que sont devenus, en effet, tous les essais d'institutions prônées par des utopistes lettrés, qui passaient, aux yeux de la foule, pour des génies incompris? Qui oserait parler sérieusement, aujourd'hui, d'ateliers nationaux, de gratuité du crédit? Vraiment, on est tenté, en fin de compte, de dire aux prétendus réformateurs : Si vous n'êtes pas tout bonnement des *partageux,* selon l'expression populaire, voulant simplement vous emparer du miel de la ruche, prouvez-nous, au moyen de vos propres forces, que vous pouvez organiser une société supérieure à celle que, dans vos conciliabules secrets, vous vouez à la destruction. Choisissez, à votre aise, un coin de terre fertile ; il n'en manque pas dans le monde ; fondez-y des communautés régies par vos différents systèmes ; défrichez, labourez, semez, récoltez ; augmentez, dans des proportions notables, le chiffre des êtres humains que vous entraînerez avec vous, et montrez-nous enfin, un jour, de nouvelles sociétés plus prospères, mieux ordonnées que les nôtres, en dehors, bien entendu, des moments où elles sont obligées d'employer impitoyablement la force brutale contre l'explosion sauvage de toutes les mauvaises passions. Mais, vous le sentez bien, il serait infiniment plus commode de profiter des richesses acquises par un état de choses dix fois séculaire ; il y a, en effet, de riches proies à partager, un pouvoir facile à exercer, dans ces vieilles communautés opulentes et rompues à la discipline sociale. Aussi, est-il bien évident que vous n'essayerez jamais de créer et de fonder quelque chose ; et, la vérité, c'est que vous êtes des illusionnés, quand vous n'êtes pas des envieux impuissants.

Paris.—Imp. PAUL DUPONT, 41, rue Jean-Jacques-Rousseau.   3110.8.72